KB264743

그리스도인, 그 신나는 출발

목차

목장훈련에 오심을 환영합니다.

이 교재는 무엇을 지향하고 있는가?

이 교재를 어떻게 공부할 것인가?

제1과 당신은 그리스도인입니까?_11

제2과 당신의 모든 죄는 용서 받았습니까?_18

제3과 하나님의 사랑과 용서를 누리는 생활_26

제4과 예수 그리스도와 그리스도인_34

제5과 하나님과 그리스도인_43

제6과 성령과 그리스도인_49

제7과 그리스도인의 새로운 경험_55

제8과 그리스도인의 새로운 관계들_64

제9과 그리스도인의 성장이란?_71

제10과 그리스도인과 성경_80

부록

1. 신앙 간증문 쓰기_87

2. 자기점검표_89

3. 암송구절_90

4. 성경 읽기표_92

목장훈련에 오심을 환영합니다.

  큰사랑목장훈련 시리즈 두 번째 과정에 오신 것을 진심으로 환영합니다.

  예수 그리스도를 믿고 거듭난 그리스도인은 이미 엄청난 유산을 받은 사람이며(엡 3:6), 하나님과 동행하는 아주 모험적인 삶을 살게 됩니다. 그리스도인의 삶은 미래 지향적이면서 현재적입니다. 누군가 그리스도를 믿음으로 회개할 때 그는 과거로부터 돌아서게 됩니다. 그렇지만 회개한 그리스도인은 과거의 죄를 더 생생하게 깨닫게 됩니다. 거듭난 그리스도인은 처음부터 자신이 구원 받았음을 확신할 수도 있고, 구원받은 사실이 아주 희미하게 느껴질 수도 있습니다. 모든 그리스도인이 분명히 알아야 하는 것은 느낌이나 환경에 의해서가 아니라, 성경을 통해서 자신이 구원받은 확신을 가져야 합니다. 구원받았다는 확신을 갖기 전에는 그리스도인으로서의 풍성한 삶을 살 수 없습니다. 그리스도인은 먼저 개인적인 확신을 가져야 하고, 나아가 자신이 그리스도인임을 교회 앞에서 고백해야 합니다.

  그리스도인이 얻은 영생은 이 세상의 어떤 것과도 바꿀 수 없는 값진 것입니다. 목장모임을 통해 이 교재를 공부하면서 당신은 당신이 받은 영적유산의 의미를 더 깊이 알아갈 수 있게 될 것입니다. 하나하나 알아가는 기쁨과 감격을 누리게 될 것입니다. 또한 그리스도 안에서 성장하는 기쁨이 얼마나 큰지 알게 될 것입니다.

그러나 목장모임은 단순히 성경지식을 쌓는 모임을 넘어, 하나님을 알고, 하나님의 자녀 됨을 확인하고, 성경적인 하나님의 사람으로 점점 지어져 갈 수 있도록 안내하고, 지지해주며, 격려해주고, 훈련하는 곳입니다. 여러분을 가르치는 목자와 함께 이 교재를 공부하면서 살아계신 하나님의 말씀을 경험하고, 성경적인 성숙한 그리스도인으로 성장하는 계기가 되길 기도합니다.

그리고 이제부터는 하나님과 교회 앞에서 고백한 것처럼 세상 앞에서 당당히 하나님의 자녀 됨을 말과 행동으로 나타내며 살도록 도와줄 것입니다. 당신이 그리스도인이라는 사실을 세상 앞에서 드러내는 것을 부끄러워하거나 부담스러워하지 마십시오.

당신이 그리스도인으로 살아갈 때 당신의 삶에서 성령의 열매(갈 5:22,23)가 맺혀지게 될 것입니다. 성령의 열매는 노력에 의해서 맺히는 것이 아니라, 성령충만하여 성령님의 지배를 받고, 성령을 따라 살 때 맺혀지는 것입니다.

이제 당신은 점점 더 성장하여 그리스도의 제자가 될 것입니다. 그리스도인은 모두 그리스도의 제자입니다. 제자는 또 다른 제자를 낳는 사람입니다. 제자를 낳기 위해서는 당신이 먼저 제자가 되어야 합니다. 우리는 모두 제자 낳는 제자, 곧 제자 삼는 제자가 되라는 명령을 받고 있습니다.(마 28:18-20) 이 교재들을 단계적으로 공부하면서 그리스도의 좋은 제자로 성장하길 소망합니다.

이 교재는 무엇을 지향하고 있는가?

큰사랑목장훈련 시리즈는 한 사람이 그리스도를 알고, 성숙한 그리스도인, 즉 제자다운 제자로 성장하도록 돕기 위한 교재입니다.

이 시리즈의 두 번째 책은 다음과 같은 내용을 담고 있습니다.

첫째는 당신이 그리스도인임을 재확인하고, 성경의 약속과 믿음을 통해 당신의 모든 죄를 용서 받았음을 확신하고 하나님의 사랑과 용서를 누리도록 돕는 것입니다.

둘째는 당신의 믿음의 대상인 하나님, 그리스도, 성령님에 대해서 좀 더 깊이 알도록 안내하는 것입니다.

셋째는 당신이 거듭난 그리스도인의 삶을 살아가도록 돕고, 풍성한 삶을 살도록 안내하며, 아울러 새로운 관계들 속에서 성장 하도록 안내하는 것입니다.

넷째는 당신이 영적으로 성장의 필요성을 알게 하고, 성장에 필수적인 것이 하나님의 말씀이라는 알게 하는 것입니다.

자, 이제 당신이 이 교재를 공부하면서 하나님의 자녀임을 분명히 알고 계속해서 건강한 영적 성숙할 수 있도록 도와줄 것입니다. 당신이 성숙되어 감에 따라 더욱 풍성한 그리스도인의 삶을 누릴 수 있게 될 것입니다. 이 교재를 공부하면서 말씀에 삶을 비추어보고, 삶에 말씀을 적용하고 실천하는 뿌리 깊고 건강한 믿음의 줄기를 키울 수 있기를 소망합니다.

어떻게 공부할 것인가?

　당신이 이 책을 만난 것은 아주 의미 있는 일이 될 것입니다.

　앞에서 언급하였듯이 이 교재는 당신이 혼자 성경을 찾아가면서 공부할 수도 있습니다. 그러나 훈련받고 영적으로 보다 성숙한 목자와 함께 공부하는 것이 좋습니다. 이 책이 단순히 성경지식을 전하기 위한 것이 아니기 때문입니다. 이 책은 당신이 그리스도의 제자가 되도록 안내하기 위한 그룹성경공부 교재입니다. 이 책을 공부하는 과정에서 당신의 믿음을 점검받게 되며, 함께 공부하는 목장원들과의 나눔을 통해서 다른 지체들의 삶 가운데 역사하시는 하나님을 발견하는 만남의 장이 펼쳐질 것입니다. 나눔을 통해서 자신이 가지고 있는 문제를 해결 받을 수 있으며, 그리스도인의 세계관과 비전을 잉태하는 기회가 될 것입니다.

　이 책을 공부할 때는 성경을 찾아가면서 함께 읽고 질문에 따라 답을 써가면서 공부하는 것이 좋습니다. 그러나 기계적으로 성경을 찾고, 읽고, 답을 쓰는 것으로 그치지 말고, 당신의 삶과 말씀이 부딪히도록 말씀을 향하여 질문을 던지고, 당신 자신에게도 끊임없이 질문을 던지면서 공부하십시오. 공부하면서 당신의 생각과 당신의 가치관은 물론 당신의 과

거, 현재, 미래와 부딪히게 하십시오. 목자와 목장원, 목장원과 목장원 사이에 질의응답을 나누는 상호작용이 이루어지는 목장성경공부가 이루어진다면 더 의미 깊은 시간이 될 것입니다.

각 과의 마지막에 있는 '적용 및 실천하기'는 그냥 지나치지 말고 각 과에서 가장 중요하게 여기며 공부하십시오. 배운 것들을 적용하고 실천함으로 성경지식이 당신의 삶에 녹아서 스며들어 삶의 전 영역에 자양분이 되도록 하십시오. 아는 것보다 실천이 더 중요합니다. 그리스도인은 은혜로 구원받지만, 구원받은 그리스도인은 삶으로 그리스도인 됨이 나타나야 합니다. 당신이 아는 것만큼 적용하고 실천할 수 있도록 기도하면서 공부하십시오.

성령님 안에서 기대를 가지고 시작하십시오. 말씀을 사모하십시오. 충분히 성실하게 열심을 내십시오. 말씀을 배운 후에 당신도 다른 그리스도인을 가르칠 수 있기를 열망하고 기도하십시오. 예습, 성경구절암송, 성경읽기 등 인도자의 안내와 책의 안내를 따라 철저하게 실행하십시오.

당신은 목장모임을 하는 과정에서 함께 기도하게 되고, 그리스도인의 교제, 그리스도인의 섬김을 배우게 될 것입니다. 예수님께서 제자들과 함께 3년간 함께 먹고, 마시고, 동행하시면서 말씀을 가르치시고, 기도를 가르치시고, 전도 하시면서 제자들에게 이 세상을 변화시킬 제자화의 비전을 심어주셨던 것처럼 목장은 그런 제자화의 장입니다. 목자와 목장원들은 시간과 공간을 최대한으로 공유하도록 힘쓰십시오.

이 교재를 공부하면서 하나님의 사랑과 풍성한 삶을 경험할 수 있기를 간절히 소망합니다.

제1과 당신은 그리스도인입니까?

〈암송구절〉 네가 만일 네 입으로 예수를 주로 시인하며 또 하나님께서 그를 죽은 지 가운데서 살리신 것을 네 마음에 믿으면 구원을 받으리라(롬 10:9)

당신이 죄인임을 깨닫고, 당신이 당신의 삶에 예수님을 영접한 순간, 당신의 죄는 용서 받았으며, 당신은 그리스도인이 되었습니다. 당신이 구원받았다는 것이 당신에게 큰 감격으로 다가올 수도 있고, 그렇지 않을 수도 있습니다. 어쩌면 당신은 지금 그리스도인이 되었다는 것을 생생하게 느끼지 못하고 있을 수도 있습니다. 그러나 당신의 삶에는 이미 엄청난 변화가 일어났습니다. 영생을 얻었고, 더 이상 심판의 대상이 아니며, 사망에서 생명으로 옮겨졌습니다.(요 5:24) 성경의 약속을 의지해서 예수 그리스도를 영접함으로 예수께서 당신 안에 거하시며(계 3:20), 당신은 하나님의 자녀가 되었으며, 성령께서 당신과 함께 하십니다. 성령께서 당신과 함께 하심으로 성경을 더 잘 깨닫게 되고, 하나님의 사랑을 더 깊이 알게 하시며, 당신의 삶을 인도하실 것입니다. 그리고 당신은 점차 예수께서 당신의 죄를 위해 죽으셨다는 것이 당신의 삶에 어떤 의미가 있는지 더 깊고, 구체적으로 알게 되고, 당신의 말과 삶을 통해 믿음의 고백을 하게 될 것입니다. 당신은 죄로부터 자유를 얻었습니다. 그러나 당신의 노력이나 행위의 결과가 아니라 믿음으로 말미암아 하나님의 은혜로 된 것입니다.(엡 2:8-9)

당신은 이과를 공부하면서 당신이 구원받은 그리스도인임을 다시 한 번 점검하고, 그리스도인임을 확신하는 시간이 되길 바랍니다.

1. 당신은 예수 그리스도를 당신의 삶에 영접하였습니까? 당신이 예수 그리스도를 영접하였다면 당신은 하나님의 자녀가 되었으며, 그리스도인이 되었습니다. 다음의 성경구절들은 당신이 그리스도인임을 확신할 수 있도록 안내해줄 것입니다.
1) 믿음의 출발은 어떻게 시작하며, 어디에 그 기초를 두고 있습니까?(롬 10:17)(요일 5:13 참조)

2) 성경은 당신이 예수님을 주님이라고 부를 수 있는 것은 누구의 도움일까요?(고전 12:3)

3) 당신이 거듭난 것은 누구로부터이며 당신은 지금 누구 안에 있습니까?(고전 1:30)

2. 당신이 그리스도인이 되었다는 것은 무엇을 의미합니까?

1) 그리스도를 당신의 중심에 영접했을 때 당신은 어떻게 되었습니까?(요 1:12)

2) 당신이 그리스도인이 되었다는 것을 말로 시인해야 합니다.

(1) 베드로는 어떻게 고백했습니까?(마 16:16)

(2) 당신은 어떻게 구원받았습니까?(롬 10:9)

3) 당신의 믿음을 어떻게 표현 할 수 있을까요?(눅 9:26)

3. 구원받은 그리스도인은 구원의 확신과 함께 풍성한 삶을 살게 됩니다. 거듭난 그리스도인에게는 풍성한 삶이 약속되어 있습니다. 그리스도를 믿는 그리스도인에게 약속하신 선물은 무엇입니까?

1) 요 3:16

2) 요 11:25-26

3) 엡 2:8

4) 요 17:3

5) 요 10:10b

6) 요 5:24

4. 적용 및 실천하기

1) 적용하기

(1) 당신이 예수 그리스도를 믿기 전에 어떤 사람이었습니까?

(2) 그 때 당신은 하나님과 어떤 관계에 있었습니까?

(3) 그렇다면 당신은 예수 그리스도를 믿고 영접했습니까? 당신은 하나님과 어떤 관계에 있습니까?

(4) 당신이 비록 지금 예수님을 믿고 죄용서를 받고 의롭다함을 받았지만 당신이 다시 죄를 짓는다면 예수님과의 관계가 어떻게 될까요? 당신이 죄를 지었을 때 당신은 어떻게 하겠습니까?

2) 실천하기
(1) 암송구절을 반복해서 읽고 암송하십시오.
(2) 다음과에 나오는 성경구절을 찾아 읽으며 예습을 하십시오.
(3) 부록에 있는 성경읽기표에 따라 매일매일 성경을 읽으십시오.
(4) 다음 목장모임까지 당신이 믿고 있는 예수 그리스도를 누군가에게 전하십시오.

믿음은 들음에서 나고

"그러므로 믿음은 들음에서 나고 들음은 그리스도의 말씀으로 말미암았느니라"(롬 10:17)

19C 대 부흥사였던 D. L. 무디가 하나님께 믿음을 달라고 기도하다가 이 말씀을 통해서 응답을 경험했다는 말씀이다. 그리스도인들은 대부분 좀 더 강한 믿음, 좀 더 큰 믿음을 달라고 한번쯤은 기도하기 마련이다. 어쩌면 이 기도제목은 그리스도인의 평생 기도제목이 될 수도 있다. 그렇지만 이런 기도는 엄밀한 의미에서 믿음에 대한 오해에서 비롯된 것이라고 할 수 있다. 왜냐하면 이 말씀을 통해서 볼 때 믿음은 갑자기 떨어지는 것도, 기도하면 무조건 주어지는 것도 아님을 알 수 있다. 믿음은 은혜의 말씀을 통해서 생겨나고, 말씀 안에서 성장함을 깨닫게 해주는 말씀이다. 그렇다고 이 말씀이 건강한 믿음을 위한 기도와 간구를 게을리 해도 된다는 말씀은 아니다. 다만 말씀이 믿음의 원리이자 그리스도인이 믿는 믿음의 기초라는 것을 말해주고 있는 것이다. 이 말씀 안에 바로 그런 비밀이 숨겨져 있다. 그리스도인의 믿음은 막연히 실체도 없는 어떤 대상을 신뢰하는 것이 아니다. 하나님을 믿는 것이고, 바로 그 하나님의 말씀을 믿는 것이며, 그 말씀을 통해서 계시된 그리스도와 성령을 믿는 것이다. 말씀을 읽거나 공부하거나, 들을 때 믿음이 생겨나는 것이다. 물론 믿어지는 것 자체가 은혜이고, 하나님의 선물이다.(엡 2:8) 믿음은 갑자기 뚝 떨어지거나 혜성처럼 나타나는 것이 아니다. 말씀을 통해서 나타내시는 하나님을 믿는 것이다. 또한 믿음이란 계시되고 명령된 말씀을 실천하는 것이다. 따라서 말씀을 부지런히 규칙적으로 읽고, 또 공부하고, 모임이나 예배를 통해서 끊임없이 듣고, 순종할 때 믿음이 점점 자라고, 건강하게 성숙해 갈 수 있는 것이다.

제2과 당신의 모든 죄는 용서 받았습니까?

<암송구절> "만일 우리가 우리 죄를 자백하면 그는 미쁘시고 의로우사 우리 죄를 사하시며 우리를 모든 불의에서 깨끗하게 하실 것이요."(요일 1:9)

당신이 거듭났다는 것은 많은 의미가 있습니다. 그것은 당신의 죄를 회개 하고, 죄 용서를 받았으며, 그리스도로 인해 하나님의 선물로 당신이 구원 받았음을 의미합니다. 또한 당신이 새 생명 얻었음을 의미합니다. 그 동안 하나님께서는 당신에 대하여 오래 참고 기다리시면서 당신이 멸망치 않고 회개하기를 원하셨습니다.(벧후 3:9) 하나님께서는 당신이 하나님께로 돌아오기까지 끊임없이 기다리셨습니다. 그리고 성령께서 당신을 하나님께로 안내하셨습니다. 당신보다 앞서서 믿은 그리스도인들과 다양한 경로와 환경들을 통해 당신에게 복음이 전해지게 된 것입니다.

회개란 무엇일까요? 회개는 당신이 과거의 죄로부터 돌아서는 것을 말합니다. 회개는 당신이 범한 죄로 인한 죄의식을 느끼고 그것을 후회하는 것으로 그치지 않고, 그 죄에서 돌아서서 그리스도의 십자가로 향하는 것을 의미합니다. 당신은 이미 용서 받은 죄에 대해서 반복적으로 회개할 필요는 없습니다. 그렇지만 살아가면서 죄를 범할 때마다 회개하고 하나님께로 향해야 합니다. 이 과에서는 그 회개의 의미를 다시 한 번 확인하고, 그리스도인으로 살아가면서 짓는 죄들에 대하여 우리가 어떻게 해야 하는가를 공부하게 될 것입니다.

1. 성경이 반복적으로 죄인들에게 명령하는 것은 무엇입니까? 다음 성경구절을 읽고 빈칸에 써보세요.

1) 시 7:12

2) 마 3:2

3) 눅 13:3-5

4) 행 3:19

5) 행 17:30

2. 어떻게 회개해야 할까요? 다음 성경구절들을 읽고 회개의 구체적인 내용을 당신의 말로 써보세요.
1) 겔 18:30

2) 마 21:29-30

3) 눅 19:8

4) 골 3:8

3. 우리가 회개할 때 하나님은 우리의 죄에 대하여 어떻게 하실까요?

1) 시 103:12

2) 사 1:18

3) 사 44:22

4) 사 38:17

5) 히 8:12

4. 그렇다면 이제 당신이 회개한 후에 다시 죄를 짓는 다면 어떻게 해야 될까요? 성경은 회개하고 그리스도인이 된 사람이라고 할지라도 죄를 지을 수 있음을 암시하고 있습니다. 실제로 구원 받은 그리스도인도 살아가면서 죄를 짓게 됩니다. 그리스도인이 죄를 지어도 좋다거나 죄를 지은 채로 살아가도 된다는 것은 아닙니다. 다시 죄를 지었을 때 어떻게 해야 할까요?
1) 요일 1:9

2) 시 51:9

3) 사 55:7

5. 적용 및 실천하기

1) 적용

(1) 당신은 왜 회개해야 할까요?

(2) 당신은 진심으로 회개했습니까? 아니면 회개에 대한 다른 의견이나 의문이 있습니까?

(3) 당신이 살아가면서 다시 죄를 지으면 어떻게 하시겠습니까?

(4) 만일 당신이 회개가 무엇인지 알았다면 이제 구체적으로 당신의 의지를 표현해보세요. 단순히 뉘우치는 것으로 그치지 마십시오. 약속의 말씀에 의지하여(요일 1:9) 죄인임을 인정하고, 죄를 고백하고 죄로부터 돌아서는 의지적인 결단을 하십시오. 의지적인 표현은 기도를 통해서 하실 수 있습니다. 죄를 고백하는 기도문을 작성해보세요.

2) 실천하기
(1) 암송구절을 반복해서 읽고 암송하십시오.
(2) 다음과에 나오는 성경구절을 찾아 읽으며 예습을 하십시오.
(3) 부록에 있는 성경읽기표에 따라 매일매일 성경을 읽으십시오.
(4) 다음 목장모임까지 당신이 믿고 있는 예수 그리스도를 누군가에게 전하십시오.

주님, 저의 기도를 들어주세요!

"내가 나의 마음에 죄악을 품었더라면 주께서 듣지 아니하시리라"(시 66:18)

기도하기 위해서 무릎을 꿇는 것은 그리스도인이라면 언제나 할 수 있는 일이지만 그렇다고 쉽거나 가벼운 일이 아니다. 내가 하려고 하고, 내가 주님보다 앞서 가려고 하기 때문이다. 성령님 보다 앞서도 안 되고, 기도하는 것보다 앞서서 생각하고 앞서서 행동하는 것도 안 된다는 것을 머리로 알지만 삶에서는 내가 먼저 나아갈 때가 많다. 나의 앞에 펼쳐진 일들을 내가 스스로 결정하고, 스스로 하는 것이 가능하다고 생각할 때가 있다. 그러나 그리스도 예수의 사람은 주님 앞에 겸손히 무릎을 꿇고, 하나님의 말씀에 귀 기울여야 한다. 더 많은 자들을 얻고자 자신의 자유를 자유로 쓰지 않고 스스로 종임을 자처했던 바울처럼 나도 나의 자유를 포기하고 싶다. 주님의 제자가 된다는 것과 주님의 일을 한다는 것이 사람을 움직이고 사람을 변화시키는 일이고 영적인 싸움이기 때문에 무릎을 꿇는다. 그런데 무릎을 꿇는다고 항상 시원하고, 항상 마음이 편하고, 무릎 꿇으면 만사형통한 것은 아니다. 기도한 후에도 답답하고, 기도한 후에도 마음의 평화가 없을 때가 있다. 그럴 때 조심조심 나를 살피면서 나의 기도를 가로막는 많은 것들을 하나하나 뒤적여 본다. 염려, 믿음 없음, 환경을 바라봄, 나의 감정을 의지함....... 셀 수 없이 많은 것들이 나의 기도를 가로막고 있다. 옷매무새를 여미듯이 내가 나의 기도를 추스르면서 나의 마음을 본다. "내가 나의 마음에 죄악을 품었더라면 주께서 듣지 아니하시리라." 기도하는 자로서 나를 정결케 함이 가장 중요하게 느껴진다. 주님께서 나를 정결케 하시고, 나의 기도를 들어주시길 떨리는 마음으로 주님께 호소한다.

제3과 하나님의 사랑과 용서를 누리는 생활

당신은 스스로 그리스도인이라고 생각하면서도 아직까지 하나님의 사랑과 용서를 경험하지 못하고, 또한 죄로부터 자유를 누리고 있지 못하고 있다면 당신은 다음과 같은 문제에 빠져 있을지도 모릅니다.

첫째는 당신이 아직까지 예수 그리스도를 인격적으로 영접하지 않았을 수도 있습니다.

둘째는 세상의 염려나 세속적인 가치관에 얽매여, 온전히 예수님을 삶의 주인으로 모시는 결단을 하지 못했을 수도 있습니다.

셋째는 환경이나 상황에 따라 당신의 믿음이 이리저리 흔들리고 있을지도 모릅니다.

넷째는 당신의 느낌이나 감정에 충실한 나머지 성경 속의 수많은 진리나 약속을 믿음으로 받아들이지 못하기 때문에 당신과 아무런 관계가 없다고 느끼고 있을지도 모릅니다.

만일 당신이 위의 어느 하나에 속한 다면 풍성한 삶을 살지 못하고, 기도생활이나 교회생활도 무미건조하게 느껴질 수 있습니다. 사도바울은 "너희가 믿음 안에 있는가 너희 자신을 시험하고 너희 자신을 확증하라 예수 그리스도께서 너희 안에 계신 줄을 너희가 스스로 알지 못하느냐 그렇지 않으면 너희는 버림받은 자니라."(고후 13:5)라고 말했습니다.

모든 그리스도인은 하나님의 사랑과 용서를 받고 또한 그것을 누려야 합니다.

1. 당신이 구원받은 사실을 어떻게 알 수 있습니까?

1) 성경이 당신에게 알려주는 것은 무엇입니까?(요일 5:11-13)

2) 또한 당신이 하나님의 자녀라는 것을 누가 증거해주십니까?(롬 8:16)

3) 그리스도를 믿고 거듭난 그리스도인은 성경을 대하는 태도에 변화가 일어납니다. 어떤 변화가 일어날까요?(요일 2:3-6)

4) 다음 성경 구절은 당신이 구원받은 확신을 가질 수 있도록 도와 줄 것입니다. 다음 성경을 읽고 구원 받았다는 사실을 어떻게 알 수 있는지 빈칸에 써보세요.

(1) 요 14:15

(2) 요일 2:29

(3) 요일 3:9

(4) 요일 3:14

2. 당신이 구원받았다는 것이 당신에게 어떤 의미가 있을까요?

1) 그리스도께서 당신의 죄를 위해 대신 지불하신 것은 무엇입니까?(사 53:3-6)

2) 당신이 구원 받은 것은 과연 어떤 가치가 있을까요?(벧전 1:23)

3. 당신이 구원받은 후에 구원으로부터 떨어질 수 있을까요? 당신은 구원 받고 그리스도인의 삶을 사는 동안 당신에게 다음과 같은 질문들이 생길지도 모릅니다.

"내가 죄를 짓는다면 어떻게 될까?"

"내가 생활하다가 하나님을 기억하지 못하면 어떻게 될까?"

"내가 만일 나의 마음이 변한다면 어떻게 될까?

이런 질문들이 꼬리에 꼬리를 물고 일어날지도 모릅니다. 그러나 부인할 수 없는 것은 그리스도 안에서 믿음으로 구원받은 사람은 그 구원을 다시 상실할 수 없습니다. 당신의 마음의 변화나 환경의 변화에 따라 바뀌지 않습니다.

아래의 성경구절을 읽고 질문에 답해 보세요.

1) 그리스도를 믿는 사람은 무엇을 얻게 됩니까?(요 3:16)

2) 그리스도를 믿는 자들에게 주어진 영생은 어떤 의미가 있습니까?(요 10:28)

3) 구원 받은 당신을 누가 지켜주십니까?(요 17:12; 딤후 1:12)

4) 하나님과 그리스도인과의 관계는 얼마나 튼튼하고, 견고한 관계일까요?(롬 8:38-39)

5) 구원받은 그리스도인에 대한 하나님의 약속은 무엇입니까?(히13:5)

6) 하나님은 구원받은 사람들을 어떻게 하실까요?(롬 8:30)

4. 적용과 실천하기

1) 적용하기

(1) 당신이 구원받았다는 것이 사실이 흔들린 경험이 있습니까?

(2) 구원의 확신이 흔들릴 때 당신의 삶에 어떤 영향을 미쳤습니까? 지금도 영향을 미치고 있습니까?

(3) 당신이 구원받은 사실에 대한 확신이나 증거들을 함께 나누어보세요. 만일 한 번도 진지하게 예수님을 당신의 삶에 영접한 일이 없다면 목자의 인도를 따라 예수님을 당신의 삶에 모시는 기도를 함께 드리십시오.

2) 실천하기

⑴ 암송구절을 반복해서 읽고 암송하십시오.

⑵ 다음과에 나오는 성경구절을 찾아 읽으며 예습을 하십시오.

⑶ 부록에 있는 성경읽기표에 따라 매일매일 성경을 읽으십시오.

⑷ 다음 목장모임까지 당신이 믿고 있는 예수 그리스도를 누군가에게 전하십시오.

그리스도의 보배로운 피

"너희가 알거니와 너희 조상이 물려준 헛된 행실에서 대속함을 받은 것은 은이나 금 같이 없어질 것으로 된 것이 아니요. 오직 흠 없고 점 없는 어린 양 같은 그리스도의 보배로운 피로 된 것이니라."(벧전1:18,19)

삶속에서 종종 부모님의 고마움을 잊기도 하고, 햇볕과 공기와 삶의 터전의 가치를 모르고 지내듯 하나님의 구원의 의미를 망각할 때가 있다. 너무 감사하기 때문에, 너무 그 가치가 크기 때문에 그렇다고 변명을 한다 해도 너무 커서 말로 형용할 수 없는 것하고 망각하는 것 하고는 그 차이가 크다. 그 의미와 가치가 너무 커서 감히 말로 표현할 수 없는 사람은 하나님 앞에서 겸손하지 않을 수 없으며, 하나님을 향하여 무릎을 꿇지 않을 수 없으며, 가슴을 적시는 눈물을 갖고 있는 사람이다. 그러나 하나님의 용서와 하나님이 주신 선물을 망각하는 사람은 뻣뻣하고, 감격도 없고, 냉랭하다. 내가 주님의 보혈을 망각하면 삶의 의미마저 없어진다. 나의 시선과 관심이 주님을 놓치면 그야말로 감각 없는 자가 된다. 그것은 곧 방향감각을 상실한 채 방황과 갈등으로 치닫는다. 주님의 보배로운 피를 강하게 느낄수록 나의 삶이 기름지고, 행복하고, 평온하다. 그리고 나의 삶으로도 나눌 것이 있다. 그리고 나로부터 밖으로 나의 시선을 돌리고 관심을 돌릴 수 있게된다. 모두 그리스도의 보배로운 피를 진하게 느낄 때 가능한 일이다.

제4과 예수 그리스도와 그리스도인

예수님께서는 제자들에게 물으셨습니다.

"사람들이 인자를 누구라 하느냐?"

이어서 또 물으셨습니다.

"너희는 나를 누구라 하느냐?"

예수님의 질문에 베드로가 "주는 그리스도시요 살아계신 하나님의 아들이니이다."라고 대답했을 때 예수님은 베드로에게 칭찬을 아끼지 않으셨습니다. 왜 베드로를 칭찬하셨을까요? 그것은 예수님이 누구인지 정확히 알고, 또 아는 대로 입으로 시인하고 고백했기 때문입니다. 이는 우리가 예수님이 누구인지 정확히 알고, 믿고, 입으로 시인하는 것이 굉장히 중요하다는 것을 의미합니다.

예수 그리스도를 믿음으로 예수 그리스도와 관계가 맺어집니다. 예수 그리스도를 나의 주, 나의 하나님으로 고백함으로 그 믿음이 공적으로 인정받게 됩니다. 그리스도인은 예수 그리스도와의 관계 안에서 사는 사람입니다.

이 과에서는 그리스도인과 예수님의 관계에 대해서 공부하겠습니다.

1. 그리스도인은 예수 그리스도와 어떤 관계에 있습니까? 지금 이 시간 당신과 그리스도와의 관계를 다시 한 번 진지하게 점검해보는 시간이 되길 바랍니다.
1) 하나님께서 당신을 사랑하시고, 예수 그리스도를 보내주셨지만 당신은 죄 아래 있을 때는 죄로 인해서 하나님의 사랑을 알지 못했었습니다.
(1) 하나님께서 당신을 얼마나 사랑하고 계실까요?(요 3:16)

(2) 당신이 예수님을 믿기 전에 당신은 어떤 사람이었습니까?(롬 3:23)

2) 예수 그리스도께서 당신을 위해 하신 일은 무엇입니까?
(1) 롬 5:8

(2) 요 14:6

3) 하나님의 사랑과 계획 가운데 예수님께서 이미 이루어 놓으신 구원과
생명의 복음을 은혜로 누리기 위해서 당신이 한 것은 무엇이었습니까?
(1) 요1:12

(2) 계 3:20

4) 당신이 예수 그리스도를 당신의 생애의 중심에 영접했을 때 당신이 받
은 선물은 무엇입니까?
(1) 엡 2:8-9

(2) 요 17:3

(3) 롬 10:13

(4) 요 5:24

(5) 요 10:10b

2. 현재 당신은 예수 그리스도와 어떤 관계에 있습니까?

1) 요 10:14-15

2) 요 15:5-7

3) 롬 8:38-39

4) 히 13:5b

5) 위의 말씀들을 종합해 볼 때 예수님과 당신의 관계에는 어떤 특징이 있습니까?

3. 예수님을 믿고, 거듭난 그리스도인은 이제 어떻게 살아야 할까요?

1) 요 14:21

2) 빌 2:5-8

4. 그리스도인은 다시 오실 예수 그리스도를 기다리며, 다시 오실 주님을 맞이할 준비를 하는 삶을 살아야 합니다.

1) 예수 그리스께서는 어떤 약속을 하셨습니까?(마 24:30-31)

2) 예수 그리스도께서 다시 오실 것을 기다리는 하나님의 자녀들 즉 하나님 나라의 백성들은 어떻게 살아야 할까요?

(1) 마 25:12-13

(2) 벧전 4:7

(3) 계 22:20

5. 적용 및 실천하기

1) 적용하기

(1) 당신은 그리스도인임을 확신하고 있습니까?

(2) 당신이 그리스도를 영접한 후에 당신의 삶에는 어떤 변화가 있었습니까?

(3) 현재 당신의 삶에서 예수님을 닮아가기 원하는 부분은 무엇입니까?

2) 실천하기

(1) 암송구절을 반복해서 읽고 암송하십시오.

(2) 다음과에 나오는 성경구절을 찾아 읽으며 예습을 하십시오.

(3) 부록에 있는 성경읽기표에 따라 매일매일 성경을 읽으십시오.

(4) 다음 목장모임까지 당신이 믿고 있는 예수 그리스도를 누군가에게 전하십시오.

무엇을 위해 살 것인가, 어떻게 살 것인가?

"푯대를 향하여 그리스도 예수 안에서 하나님이 위에서 부르신 부름의 상을 위하여 좇아가노라."(빌 3:14)

사는 이유와 사는 방법, 누구에게나 정말 중요한 질문일 수 있다. 되는대로, 마구잡이로 방향 없이 사는 것이 얼핏 보기에는 쉽고 자유로워 보이지만 그 내면 속에는 정말 더 큰 고통이 뙈리를 틀고 있음을 안다. 나는 주님을 만나고 한 참 후에야 이 두 가지 질문에 대한 답을 얻었다. 이 질문에 대한 대답을 얻었다고 하지만 그 대답대로 항상 살아가고 있는 것은 아니다. 오히려 성경적 대답대로 살지 못하고 있는 나를 발견하곤 한다. 성경적인 대답대로 살지 못하고, 삶의 목표를 상실했을 때, 나는 마치 높은 곳에서 추락하는 것 같은 공포감과 절박함을 느끼곤 한다. 나는 아직도 이런 공포감과 절박감을 느끼면서 지낼 때가 많다. 그래서 주님께 진지하게 묻는다.

"주님, 제가 무엇을 위해 살아야 할까요?"

"주님, 제가 어떻게 살아야 할까요?"

주님은 말씀을 통해서 이 질문들에 대하여 진지하게 대답을 주시고, 나는 이 대답을 주님의 뜻으로 받아들인다. 주님의 뜻대로, 주님의 앞에 서는 순간까지 저 앞에 있는 푯대를 향하여 열심히 달려가야 됨을 깨달았다. 이것은 사랑의 명령이다. 이 생명을 건 사랑의 명령을 가슴에 간직한다. 다시 마음을 여민다. 이 명령을 가슴에 안고 다시 출발한다. 하지만 나는 언제 또 다시 두리번거리며 또 다시 질문을 던지게 될지 모른다.

"주님, 제가 무엇을 위해 살아야 할까요?"

"주님, 제가 어떻게 살아야 할까요?"

나는 언제나 예수 그리스도께 돌아갈 수 있다. 그리스도께로 향할 수 있음이 참으로 감사하다.

제5과 하나님과 그리스도인

〈암송구절〉 "여호와여 위대하심과 권능과 영광과 승리와 위엄이 다 주께 속하였사오니 천지에 있는 것이 다 주의 것이로소이다 여호와여 주권도 주께 속하였사오니 주는 높으사 만물의 머리이심이니이다."(대상 29:11)

'기독교는 사랑이다.'라고 한마디로 표현해도 지나친 말이 아닙니다. 하나님은 성경을 통해서 인간에 대한 사랑을 표현해주시고 있습니다. 그 사랑은 예수 그리스도를 이 땅에 보내셔서 우리의 죄를 대신해서 죽으심으로 죄 값을 지불하셨고, 그로 인해 우리의 죄를 용서 받을 수 있는 길을 열어주신 사랑입니다. 뿐만 아니라 이미 믿는 그리스도인들을 통해서 계속해서 하나님의 사랑이 실천되고, 증거되어야 합니다. 하나님은 사랑이시기 때문입니다. 그리스도인은 하나님의 사랑을 누리며, 그 사랑 안에서 살아갑니다. 그리고 하나님의 계획 속에서 살아갑니다. 하나님 안에서 진정한 삶의 목적을 알게 되고, 풍성한 삶을 누릴 수 있습니다. 하나님 안에 있을 때 다윗이 시편23편에서 고백하듯이 "푸른 초장, 쉴만한 물가로 인도하시며, 우리의 삶의 잔을 넘치게"해주십니다.

이 과에서는 하나님과 그리스도인에 대해서 공부하겠습니다.

1. 하나님은 당신의 자녀들과 당신을 의지하는 모든 사람들을 사랑하시고, 보호하십니다.
1) 출 23:20

2) 사 31:5

3) 사 41:10

4) 유 1:24

2. 하나님은 그리스도인 한 사람 한 사람에게 하나님을 사랑하라고 명령하십니다.

1) 신 6:5

2) 시 91:14

3) 마 22:37

3. 하나님은 '하나님을 찾으라'고 명령하십니다. 하나님은 말씀을 통해 "하나님을 찾으라, 하나님께 돌아오라, 하나님께 나아오라"고 간곡히 부탁하시며, 또한 명령하십니다.

1) 시 27:8

2) 사 55:6

3) 암 5:4

4) 렘 29:13

4. 적용 및 실천하기

1) 적용하기

(1) 당신이 믿는 하나님은 어떤 분이라고 생각하는지 나누어보세요.

(2) 당신은 하나님 아버지와 더 친밀한 교제를 하기 위해서 당신이 할 수 있는 것은 무엇입니까?

(3) 당신이 하나님의 사랑에 대해 표현 할 수 있는 것은 무엇인지 나누어 보세요

2) 실천하기

(1) 암송구절을 반복해서 읽고 암송하십시오.

(2) 다음과에 나오는 성경구절을 찾아 읽으며 예습을 하십시오.

(3) 부록에 있는 성경읽기표에 따라 매일매일 성경을 읽으십시오.

(4) 다음 목장모임까지 당신이 믿고 있는 예수 그리스도를 누군가에게 전하십시오.

두려워 말라

"두려워 말라 내가 너와 함께 함이니라 놀라지 말라 나는 네 하나님이 됨이니라. 내가 너를 굳세게 하리라 참으로 너를 도와 주리라. 참으로 나의 의로운 오른손으로 너를 붙들리라."(사41:10)

오늘 나는 기도 시간에 이렇게 기도했다. "주님, 저는 지금 알 수 없는 두려움이 저를 지배하고 있습니다. 이 두려움으로 부터 벗어날 수 있게 해주십시오. 두려워말라는 주님의 음성을 생생히 느끼고 싶습니다."

정말 알 수 없는 두려움이 나를 엄습할 때가 있다. "그래도 뭔가 있겠지?"라고 생각해봐도 뚜렷한 것이 없는데도 두려움이 몰려오곤 한다. 그리스도인은 하나님께 대하여 두려움에 가까운 경외심을 가져야한다. 하나님의 거룩하심 앞에서 경외심을 가져야 하고, 죄에 대하여 단호하신 하나님 앞에서 경외심을 가져야 한다. 하지만 우리 앞에 있는 사람들이나 삶에서 만나는 장애물이나 어떤 문제들 앞에서는 두려워하지 말라고 말씀하신다. 성경에는 "두려워 말라"는 말씀이 너무도 많다. 이는 인간이 살아가면서 두려워할 일들이 너무 많다는 반증일 것이다.

나를 공격하려고 달려드는 눈에 보이는 것이나 눈에 보이지 않는 것들로 인해 두려움이 엄습해 올 때가 있다. 그때마다 나는 이 말씀을 입으로 되뇐다. "두려워 말라 내가 너와 함께 함이니라 놀라지 말라 나는 네 하나님이 됨이니라. 내가 너를 굳세게 하리라 참으로 너를 도와 주리라. 참으로 나의 의로운 오른손으로 너를 붙들리라." 나는 나에게 속삭인다. "주님이 함께 하시기 때문에 나는 두려움을 느껴서는 안 된다." 나는 두려움이 사라질 때까지 나에게 두려워하지 말라고 속삭인다. 두려움의 대상인 사람이나, 시험이나, 가슴 조이게 하는 일들이나, 사람들과의 관계나, 앞에 있는 난관들로부터 지켜주실 하나님만을 응시하려고 한다. 심지어 원인마저 알 수 없는 두려움으로부터도 지켜주실 하나님께로 나아간다.

48

제6과 성령과 그리스도인

<암송구절> "그러나 진리의 성령이 오시면 그가 너희를 모든 진리 가운데로 인도하시리니 그가 스스로 말하지 않고 오직 들은 것을 말하며 장래 일을 너희에게 알리시리라."(요 16:13)

예수님께서는 이 땅에서 사역을 하시면서 제자들에게 여러 차례 말씀하신 것이 있습니다. 그것은 당신께서 죽으시고, 부활하셔서 아버지께로 가면 보혜사 성령께서 오실 것이라고 말씀하셨습니다. 특히 요한복음 14장, 16장에서 구체적으로 말씀하셨습니다. 그 성령님은 누구실까요? 성령님은 그리스도의 영, 하나님의 영으로도 불리며, 성경에서 바람, 물, 불 등으로 표현되어 있습니다. 성령님도 예수님처럼 하나님과 동일한 속성을 가지신 삼위일체의 제3위의 하나님입니다. 성령님은 우리에게 구원을 베푸시고, 능력을 주시며, 그리스도인의 삶을 살아갈 수 있는 힘을 주십니다.

이 과에서는 성령님에 대하여 좀 더 구체적으로 공부하겠습니다.

1. 성령님은 누구일까요?

성령님에 관한 아래의 성경구절을 읽고 성령님의 속성에 대해서 써보세요

1) 시 139:7

2) 행 8:29

3) 고전 12:8-11

2. 성령님은 하나님과 동일한 인격을 가지신 하나님이십니다. 다음 성경구절을 찾아 읽고 성령님의 인격적인 면을 찾아 써보세요.

1) 고전 2:10-11절

2) 눅12:12

3) 마10:20절

3. 성령님께서는 어떤 일을 하실까요? 다음 성경구절을 찾아서 읽고 성령께서 하시는 일을 써보세요.

1) 요 16:13

2) 요 3:5

3) 행 4:31

4) 행 20:28

5) 요 15:26

6) 행 2:4

7) 요 14:26

4. 적용 및 실천하기

1) 적용하기

(1) 당신이 알고 있는 성령님은 누구신지 함께 나누어보세요.

(2) 성령님의 인격적 특성이 당신에게 어떤 영향을 미치고 있습니까?

(3) 성령께서는 당신의 삶에서 어떤 일을 하셨는지 당신의 경험을 나누어보세요.

2) 실천하기

(1) 암송구절을 반복해서 읽고 암송하십시오.

(2) 다음과에 나오는 성경구절을 찾아 읽으며 예습을 하십시오.

(3) 부록에 있는 성경읽기표에 따라 매일매일 성경을 읽으십시오.

(4) 다음 목장모임까지 당신이 믿고 있는 예수 그리스도를 누군가에게 전하십시오.

주님이 주시는 평안으로 채워주소서!

"평안을 너희에게 끼치노니 곧 나의 평안을 너희에게 주노라 내가 너희에게 주는 것은 세상이 주는 것과 같지 아니하니라 너희는 마음에 근심하지도 말고 두려워하지도 말라."(요 14:27)

삶, 그 자체만으로도 묵직하게 눌러오는 무게감을 느낄 때가 있다. 마음의 짐으로 다가오기도 한다. 사람들이 흔히 말하는 것처럼 "어차피 삶이란 무게를 느끼는 것이고, 고민하고, 염려하며 사는 것으로, 당연한 것"으로 알고, 그렇게 받아들이며 살 수도 있다. 호수처럼 잔잔한 강에도 그속에는 거센 흐름이 있다. 그리스도인도 예외가 아니다. 어떤 것이나 책임을 진다는 것은 모두 짐이고, 뭔가를 한다는 것은 무게감을 함께 느끼게 한다. 어쩌면 그것은 누구나 져야 하는 십자가라고 할 수 있다. 누구에게나 피할 수도 거부할 수도 없는 십자가가 있다. 이 십자가를 부득이하게 그리고 당연히 져야 하는 것이라면 기쁨으로 지고, 감사함으로 지고, 가벼운 마음으로 평안하게 져야 한다. 그런데 주님은 이런 무게감과 억누름 앞에서 말씀하셨다. "나의 평안을 너희에게 주노라!" 분명히 주님이 평안을 주시겠다고 말씀하셨다. 나의 주인 되시며, 친구이신 주님께서 평안을 주시겠다고 약속하셨다. 그럼에도 불구하고 그 평안을 받아들이지 못하고 누리지 못하는 것은 어린이의 투정과도 같으며, 괜한 억지가 아닐까? 주님이 주시는 그 평안은 우리 속에서 우러나올 수 있는 것이 아니다. 우리가 만들어낼 수 있는 것도 아니다. 주님만이 그 평안을 주실 수 있다. 그리고 그 평안은 세상이 흉내 낼 수 있는 평안도 아니다. 세상이 주는 평안과는 차원이 다르다. 인간이 만들어내는 모조품이 아니다. 그 엄청난 평안, 세상이 상상할 수 없는 평안, 그 평안에 휩싸여 보자.

제7과 그리스도인의 새로운 경험

<암송구절> "아버지께서 나를 사랑하신 것같이 나도 너희를 사랑하였으니 나의 사랑 안에 거하라."(요 15:9)

　모험, 흥분, 도전, 개봉박두, 스펙타클, 이런 단어들은 무엇을 연상하게 합니까? 영화의 예고편에 많이 등장하는 단어들이라는 것을 금방 알아차렸을 것입니다.

　그리스도인의 삶은 겉으로 보기에는 영화처럼 극적이지 않지만 다른 무엇과도 비교될 수 없을 만큼 놀랍고 신비로운 삶입니다.

　그리스도인의 삶은 과거의 죄와 단절하고 죄의 성품을 버린다는 면에서 새로운 삶이며, 하나님의 자녀로서 살아간다는 면에서 모험이라고 할 수 있습니다. 그리스도인의 삶은 정말 가장 가치 있고, 거룩하며, 진실하고, 소망이 있는 삶입니다. 하나님께서 당신을 창조하셨기 때문에 하나님은 당신에 대해서 가장 잘 알고 계십니다. 하나님은 당신을 최선의 길로 인도하실 것입니다. 이 말은 당신은 그리스도인이 되는 순간부터 아무런 염려나 걱정이 없는 삶을 살게 된다는 말은 아닙니다. 또한 당신이 갑자기 성숙한 그리스도인이 된다는 말도 아니며, 당신의 인생에서 아무런 문제도 만나지 않는다는 말도 아닙니다. 그렇지만 당신이 그리스도 안에서 살아갈 때 당신은 당신의 기도를 통해서 하나님과 교통하게 되며, 성령께서 당신의 삶에서 성령의 열매를 맺게 하실 것입니다.(갈 5:22,23) 그리고 당신이 교회생활을 통해서 예배하고, 기도하고, 목장모임을 하는 동안 당신의 신앙은 점점 성숙하게 되며, 성경에 약속된 풍성한 삶을 경험하게 될 것입니다.

이과에서 우리는 그리스도인의 삶이 무엇인지, 그리고 그리스도인이 누릴 수 있는 풍성한 삶이 무엇인지 구체적으로 공부할 것입니다.

1. 그리스도인의 삶은 하나님의 사랑을 받는 자녀로서의 삶입니다.

1) 다음 성경구절을 찾아 읽고 그리스도인의 삶은 어떤 것인지 써보세요.

(1) 요 15: 9

(2) 고전 7:24

(3) 사 41:1

(4) 사 55:6

2. 그리스도인의 삶에서 필수적인 것들은 무엇인지 살펴보겠습니다. 그리스
도인은 생활 속에서 그리스도인다움이 나타나야 합니다. 우리가 구원받기 위
한 조건으로 행위를 요구하는 것은 아니지만, 그리스도인에게는 그리스도인
으로서의 삶이 요구됩니다. 그리스도인의 삶에 필수적인 요소들을 함께 공부
해보겠습니다.

1) 그리스도인과 성경

(1) 신 6:6-9

(2) 렘 13:15

(3) 마 4:4

(4) 행 17:11

2) 그리스도인의 기도생활
(1) 살전 5:17

(2) 눅 11:9-10

(3) 눅 18:7

(4) 렘 33:3

3) 그리스도인은 어떻게 자신이 받은 복음을 전해야 할까요?

(1) 막 16:15

(2) 행 1:8

(3) 딤후 4:2

4) 그리스도인과 예배하는 삶

(1) 롬 12:1

(2) 요 4:23-24

(3) 시 95:6

5) 그리스도인의 형제사랑

(1) 요 13:34

(2) 요 15:12

(3) 벧전 1:22

3. 적용 및 실천하기

1) 적용하기

(1) 당신은 지금 하나님과 어떤 관계입니까?

(2) 당신이 그리스도인으로 살아가면서 말씀, 기도, 전도, 예배, 형제(자매) 사랑 등의 삶에서 부족하다고 생각하는 부분은 무엇입니까?

(3) 그리스도인으로서 당신이 지금 당장 실천하고 싶은 것은 무엇입니까?

2) 실천하기

(1) 암송구절을 반복해서 읽고 암송하십시오.

(2) 다음과에 나오는 성경구절을 찾아 읽으며 예습을 하십시오.

(3) 부록에 있는 성경읽기표에 따라 매일매일 성경을 읽으십시오.

(4) 다음 목장모임까지 당신이 믿고 있는 예수 그리스도를 누군가에게 전하십시오.

마음을 다하고, 성품을 다하고 힘을 다하여

"이스라엘아 들으라 우리 하나님 여호와는 오직 하나인 여호와시니 너는 마음을 다하고 성품을 다하고 힘을 다하여 네 하나님 여호와를 사랑하라. 오늘날 내가 네게 명하는 이 말씀을 너는 마음에 새기고 네 자녀에게 부지런히 가르치며 집에 앉았을 때에든지 길에 행할 때에든지 누웠을 때에든지 일어날 때에든지 이 말씀을 강론할 것이며 너는 또 그것을 네 손목에 매어 기호를 삼으며 네 미간에 붙여 표를 삼고 또 네 집 문설주와 바깥 문에 기록할지니라."(신6:4-9)

우리는 열심이라는 단어를 사용할 때가 많다. 무엇을 하든지 열심히 최선을 다하려고 한다. 나의 자녀에게는 물론이고 내가 가르침을 주어야할 사람이라면 누구에게나 열심을 보여주고, 열심을 가르치고 싶을 때가 있다. 쉐마라고 하는 이 말씀보다 그 열심이라는 단어를 잘 이해하도록 풀어준 적절한 표현은 없는 것 같다.

'마음을 다하고, 성품을 다하고, 힘을 다하여……'

이렇게 하는 것이 바로 '열심'이다.

그런데 우리는 부정적인 열심을 너무도 많이 보면서 산다. 옳고 그름도 분별하지 못하고, 좌충우돌, 갈팡질팡하며 목적도 없이 치닫는 그런 열심이라면 그 열심은 분명히 부정적인 열심이다. 그러나 하나님 안에서, 말씀 안에서의 열심만이 진정한 열심이다. 열심히 배워야 되고, 열심히 일해야 되고, 살아가면서 마주치는 수많은 일들과 상황에 열심을 쏟아야 될 때가 너무도 많다. 그 열심의 최우선은 여호와 하나님을 사랑하는 것이다. 하나님을 사랑하는 것보다 더 최우선에 둘 만큼 중요한 것은 없다.

그렇게 최우선에 두는 하나님 사랑은 어떻게 표현되어야할까? 하나님의 말씀을 마음에 새기고, 자녀에게 부지런히 가르치고 집에서나 나가서나 무엇을 하거나 또 잠을 자거나 일어날 때에나 언제든지 이 말씀을 잘 풀어서 말해주고 써서 간직하기도 하고, 몸에 쓰기도 하고 생활에서 늘 볼 수 있는 곳에 써서 붙여놓고 보면서 삶의 지표로 삼아야 된다는 것이다.

제8과 그리스도인의 새로운 관계들

〈암송구절〉 "그러므로 무엇이든지 남에게 대접을 받고자 하는 대로 너희도 남을 대접하라 이것이 율법이요 선지자니라."(마 7:12)

인간은 누구나 가족, 친구, 이웃, 지역사회 사람들, 직장(학교) 사람들과 관계를 맺고 살아갑니다. 그리스도인도 예외가 아닙니다. 당신이 그리스도인이 됨으로서 이전에 있었던 관계들에도 새로운 변화가 일어날 뿐만 아니라, 그리스도인이 됨으로서 이전에 없던 교회 안에서의 새로운 관계들이 생겨나게 됩니다. 이 과에서는 그리스도인의 여러 관계들에 대해서 공부하겠습니다.

1. 그리스도인의 세계관에 대해서 함께 생각해보겠습니다.(마 5:13-16)
1) 예수님은 그리스도인을 누구라고 지칭하고 있습니까?(13,14절)

2) 소금이 맛을 잃는 다는 것은 무엇을 의미할까요?(13절)

3) 등불을 켜서 말 아래 둔다는 것은 무엇을 의미할까요?

4) 그렇다면 맛을 잃지 않은 소금, 등경 위에 놓인 빛으로의 삶은 어떤 삶이어야 할까요?(16절)

2. 그리스도인들은 관계들 안에서 어떤 태도를 가져야 할까요? 다음 성경구절을 읽고 빈칸에 써보세요.
1) 마 7:12

2) 벧전 4:8-9

3) 약 4:10

4) 빌 2:3-4

3. 그럼 구체적으로 그리스도인이 사람들과의 관계에서 어떻게 행해야 되는지 함께 생각해보겠습니다.

1)그리스도인의 관계들 중의 대표적인 것은 가정입니다. 성경은 그리스도인 가정을 어떻게 말씀하고 있습니까?

(1) 바람직한 그리스도인의 가정은 어떤 모습일까요?(행 10:1-2)

(2) 가정의 중심축은 부모입니다. 그리스도인 부모는 자녀를 어떻게 양육해야 할까요?(엡 6:4)

(3) 자녀들은 부모에 대해서 어떤 태도를 가져야 할까요?(엡 6:1-3절)

(4) 가정에서 남편과 아내는 서로에게 어떤 태도를 가져야 할까요?(엡 5:22-25절)

2) 그리스도인에게는 여러 관계들이 있습니다. 교회 안에서의 관계들과 사회에서의 관계들이 있습니다.

(1) 교회는 그리스도를 믿는 사람들의 모임을 가리킵니다. 교회를 이루는 성도들은 상호간에 어떤 관계에 있습니까?(고전 12:12-13절)

(2) 교회 안에서 성도들 상호간에 추구해야할 가장 중요한 목표는 무엇이 되어야 할까요?(엡 4:13)

(3) 당신의 직장이나 사회생활 속에서 당신이 명령이나 지시를 하는 우월한 위치에 있다면 당신이 조심해야 할 것은 무엇입니까?(엡 6:9, 골 4:1)

(4) 당신의 직장이나 사회생활 속에서 당신이 누군가의 명령이나 지시를 받아야 할 위치에 있다면 당신은 어떤 태도를 가져야 할까요?(엡 6:5, 골 3:22)

4. 적용 및 실천하기
1) 적용하기
(1) 당신의 삶에서 소금과 빛으로의 삶이 꼭 필요하다고 생각하는 부분은 무엇입니까?

(2) 당신의 가정에서 부모와 자녀로서, 그리고 남편과 아내로서 당신을 변화시켜야 될 부분이라고 생각하는 것은 무엇인지 나누어 보세요.

(3) 당신의 관계들 가운데 당신이 잘하고 있는 것은 무엇이고, 부족하다고 생각하는 것은 무엇인지 나누어 보세요.

2) 실천하기
(1) 암송구절을 반복해서 읽고 암송하십시오.
(2) 다음과에 나오는 성경구절을 찾아 읽으며 예습을 하십시오.
(3) 부록에 있는 성경읽기표에 따라 매일매일 성경을 읽으십시오.
(4) 다음 목장모임까지 당신이 믿고 있는 예수 그리스도를 누군가에게 전하십시오.

이런 집을 짓고 싶습니다.

"저희가 사도의 가르침을 받아 서로 교제하며 떡을 떼며 기도하기를 전혀 힘 쓰니라."(행 2:42)

사람들이 도시로, 도시로 몰렸다. 편리함을 따라 현대화, 현대화를 부르짖다가 온 나라가 다 도시가 된 느낌이다. 도시화는 이제 사람마다 흙을 그리워하게 되고, 숲을 그리워하게 만들어 버렸다.

친구들하고 얘기를 하다보면 노년에는 시골 경치 좋은 곳에 전원주택을 짓고 살고 싶다는 생각을 내보이는 친구들이 많이 있다. 나는 이제 그렇게 화려한 생각은 접은 지 오래다. 그래도 마음 한 쪽에 숨겨둔 것이 있다면, 나에게도 집을 지을 기회가 주어진다면 이런 집을 짓고 싶다. 아주 넓거나 아주 화려한 그런 집이 아니라도 좋다. 흙이 있고, 나무가 있고, 자연의 향기가 막힘없이 전해져오는 그런 곳에 집을 지었으면 좋겠다. 가족이라고 느끼는 믿음의 사람들과 함께 머물 수 있는 그런 집이었으면 좋겠다. 아니 처음 만나는 낯선 사람일지라도 믿음의 형제, 자매들이 와서 하루쯤 머물고 갈수 있는 집이었으면 좋겠다. 하루쯤 머물면서 사랑의 교제를 나누면서 몸도 마음도 쉬어갈 수 있는 집이었으면 좋겠다. 주님의 말씀을 한 곳 함께 읽고 주님이 주시는 음성을 들으면서 아주 작은 시간이나마 생각을 공유하고, 기도를 공유하면서 함께 주님을 찬송하고, 주님의 은혜 안에서 서로 격려하고 세워주는 그런 집이었으면 좋겠다.

나의 작은 위로와 관심이 필요한 이들이 와서, 삶이 갉아먹은 웃음을 회복하고 갈 수 있는 그런 집을 짓고 싶다.

제9과 그리스도인의 성장이란?

<암송구절> "갓난아기들 같이 순전하고 신령한 젖을 사모하라 이는 그로 말미암아 너희로 구원에 이르도록 자라게 하려 함이라."(벧전 2:2)

　"거듭났다"는 것은 예수 그리스도를 믿음으로 새롭게 태어났다는 것을 말합니다. 요한복음 3장에 보면 니고데모라는 사람은 당시 종교적으로나, 사회적, 학문적으로 존경받는 사람이었지만, 그는 밤에 예수님을 찾아와 예수님과 대화를 나누었습니다. 예수님이 말씀하신 내용으로 보아 니고데모는 예수님께 "제가 어떻게 하여야 영생을 얻을 수 있습니까?"라는 궁금증을 가지고 예수님을 찾았던 것 같습니다. 예수님은 그에게 거듭나야 한다고 말했습니다. 그러나 니고데모는 거듭난다는 말을 잘 이해하지 못했습니다. 예수님은 니고데모에게 물과 성령으로 거듭나야 한다고 말해주었습니다.

　그런데 당신은 예수님을 믿고, 거듭났습니다. 당신은 종교적, 사회적, 학문적으로 모든 조건을 구비했던 그 니고데모가 이해하지 못했던 거듭남을 경험했습니다. 당신이 예수님을 마음의 중심에 영접했을 때 예수님께서 당신 안에 들어오셨으며, 당신은 죄 용서를 받고, 영생을 얻었으며, 하나님의 자녀가 되었습니다. 당신은 이 초자연적인 사건을 경험한 그리스도인입니다. 당신은 이제 방금 출생한 갓난아이 같은 겸손함으로 말씀이라는 양식을 통해서 성장해야 합니다. 생명이 성장하는 것은 너무도 자연스런 현상입니다. 그리스도인도 그리스도 안에 있으면 그리스도의 형상을 닮아가는 성장을 하게 됩니다. 생명이 성장하는 원리는 성장을 위해 필요한 것들을 공급하고 성장을 막는 것들을 제거해주면 성장하게 됩니다. 성장기의 아이가 잘 성장하기 위해서는 영양이 풍부한 음식물과 적당한 운동과 질병을 예방해야 하듯이 그리스도인도 건강하게 성장하도록 필요한 것들을 공급받아야 합니다. 그리고 성장을 가로막는 것들을 하나씩 제거해 나가야 합니다. 당신도 이런 공급과 도움을 받으며 성장해야 합니다.

1. 그리스도인의 삶을 시작한 당신은 영적으로 갓난아이와 같습니다.
1) 당신이 그리스도를 영접했을 때 당신에게 어떤 일이 일어났습니까?(고후 5:17)

2) 베드로는 거듭난 그리스도인을 어떻게 표현했습니까?(벧전 2:2)

3) 바울은 이제 막 그리스도인이 되었거나 아직 미성숙한 그리스도인에 대해서 어떻게 표현했습니까?(고전 3:1)

4) 또한 아직 미성숙한 그리스도인과 성숙한 그리스도인에 대하여 어떻게 표현하고 있는지 다음 성경구절을 찾아서 읽고 빈칸에 써보세요.(히 5:12-14)

2. 그리스도인은 성장해야 합니다. 뿐만 아니라 그리스도인의 성장은 자연스러운 것이며, 계속해서 건강하게 성장해야 합니다.

1) 당신이 성장하기 위해서 가져야 할 태도는 무엇입니까?(딤전 4:15)

2) 누가 당신을 성숙한 그리스도인으로 성장시킬까요?(골 1:10-12)

3) 당신이 성장하도록 하는 것은 구체적으로 무엇입니까?(딤후 3:16-17)

4) 엡 4:11-13절을 읽으십시오.
(1) 당신이 성숙한 그리스도인으로 성장하도록 돕는 사람은 누구입니까?(11절)

(2) 당신이 성숙한 그리스도인이 되기 위해서 당신이 해야 할 일은 무엇입니까?(12절)

(3) 당신이 어디까지 성장해야 할까요?(13절)

5) 당신이 성장하고, 풍성한 삶을 살기 위해서 당신이 성경을 듣고, 배우

고, 읽고, 묵상할 때 어떻게 해야 할까요?(눅 8:15)

3. 그리스도인은 어디까지 성장해야 할까요? 당신이 성장해야할 목표나 성장해야할 덕목은 무엇인지 다음 성경구절을 읽고 써보세요.

1) 마 5:48

2) 엡 4:13

3) 벧전 1:7

4) 벧후 1:5-7

4. 그리스도인은 어떻게 성장할 수 있습니까? 그리스도인의 성장에도 필수적인 요소들이 있습니다. 그리스도인의 성장에 필요한 것이 무엇인지 다음 성경 구절을 읽고 빈칸에 써보세요.

1) 마 4:4

2) 요 6:27

3) 벧전 2:2

4) 딤전 4:5-6

5) 엡 2:20-22

5. 적용과 실천

1) 적용하기

(1) 당신이 갓난아이와 같은 그리스도인으로 비유되는 것에 대해 당신은 어떻게 생각하는지 나누어 보세요.

(2) 그리스도인의 성장에 필수적인 것들에는 어떤 것들이 있다고 생각하십니까?

(3) 당신이 성숙한 그리스도인이 되기 위한 당신의 계획이나 생각을 함께 나누어주세요.

2) 실천하기

(1) 암송구절을 반복해서 읽고 암송하십시오.

(2) 다음과에 나오는 성경구절을 찾아 읽으며 예습을 하십시오.

(3) 부록에 있는 성경읽기표에 따라 매일매일 성경을 읽으십시오.

(4) 다음 목장모임까지 당신이 믿고 있는 예수 그리스도를 누군가에게 전하십시오.

그리스도인의 연습

"망령되고 허탄한 신화를 버리고 경건에 이르도록 네 자신을 연단하라"(딤전4:7)

그리스도인이라면 누구나 갖추고 싶고, 갖고 싶은 미덕이라면 경건일 것이다. 경건은 절제된 행동과 구별된 삶을 그 기초로 한다. 소위 세속적인 욕구와 욕망들과 사회적 통념으로 부터 성경적 가치관과 성경적 세계관을 가지고 살아가는 모습이 아닐까 생각하게 된다. 경건의 모습은 형용사적 수사를 사용해서 표현되기 보다는 삶의 모습을 통해서 나타날 수 있는 기독교적 성품이다. 다만 경건은 기도, 말씀묵상, 성도들간의 교제, 봉사, 희생, 지체들의 뜻을 따르고, 존중하는 것이 그리스도인의 삶을 통해서 훈련되고 점점 더 자라가게 되는 모습이다. 건강을 위해서 육체를 단련하듯이, 운동선수들이 수 없이 많은 반복을 통해서 기술을 익히고, 보다 나은 기량을 쌓아 가듯이 반복연습을 함으로 건강한 영적 성숙을 이루는 것이다. 우리는 이 성숙을 명령받고 있는 것이다. 이 성숙은 하루 아침에 우연히 이루어지는 것이 아니다. 구원이 하나님께서 은혜로 주시는 선물이라면, 경건은 이제 주님과의 동행을 통해서 그리고 연습을 통해서만 쌓아갈 수 있는 그리스도인 최고의 덕목이다.

숨을 쉬듯이 무한히 반복적으로 무릎을 꿇고, 밥을 먹듯이 거르지 않고 말씀을 먹고, 나의 몸처럼 지체들을 사랑하는 경건의 연습을 통해 성숙을 이루어가고 싶다

제10과 그리스도인과 성경

<암송구절> "모든 성경은 하나님의 감동으로 된 것으로 교훈과 책망과 바르게 함과 의로 교육하기에 유익하니"(딤후 3:16)

"하나님의 말씀은 살아 있고 활력이 있어 좌우에 날선 어떤 검보다도 예리하여 혼과 영과 및 관절과 골수를 찔러 쪼개기까지 하며 또 마음의 생각과 뜻을 판단하나니"(히4:12) 그리스도인과 성경은 떼어놓고 생각할 수 없습니다. 하나님은 성육신하신 말씀을 통해서 인간에게 오셨고, 지금도 성경을 통해서 말씀하시기 때문입니다. 그리스도인의 신앙은 성경의 토대 위에서 싹이 트고, 그 성경을 먹고 성장하고, 그 성경을 통해서 하나님과의 관계가 깊어집니다. 그 성경을 알아감에 따라 하나님을 더 깊이 알아가고, 성경을 믿음으로 하나님의 사랑과 능력을 경험하고, 말씀을 힘입어 승리하는 그리스도인의 삶을 살게 됩니다.

1. 먼저 성경이 무엇인지 함께 공부하겠습니다. 다음 성경구절을 읽고 성경은 성경에 관해 어떻게 말하고 있는지 찾아 써보세요.

1) 출 20:1

2) 벧후 1:21

3) 시 19:7-8

4) 시 119:105

5) 행 11:14

2. 하나님은 인간에게 왜 성경을 주셨을까요?

1) 성경은 한마디로 누구에 대한 기록이라고 요약할 수 있습니까?(요 5:39)

2) 성경을 기록한 목적은 무엇입니까?(요 20:31)

3) 성경은 어떻게 기록되었으며, 성경이 주는 유익과 성경이 추구하는 것은 무엇입니까?(딤후 3:16-17)

3. 성경이 그리스도인에게 주는 능력은 어떤 것들이 있을까요? 다음 성경구절을 찾아 읽고 빈칸에 써보세요.

1) 엡 5:26

2) 엡 6:13-17

3) 엡 6:19

4) 시 119:105

4. 적용 및 실천하기

1) 적용하기

(1) 당신은 성경이 하나님의 말씀이라고 믿습니까?

(2) 그렇다면 당신에게 있어서 성경은 어떤 의미가 있습니까?

(3) 앞으로 당신은 성경을 어떻게 읽고, 공부하겠습니까?

2) 실천하기

(1) 암송구절을 반복해서 읽고 암송하십시오.

(2) 다음과에 나오는 성경구절을 찾아 읽으며 예습을 하십시오.

(3) 부록에 있는 성경읽기표에 따라 매일매일 성경을 읽으십시오.

(4) 다음 목장모임까지 당신이 믿고 있는 예수 그리스도를 누군가에게 전하십시오.

내 안에서 이런 감격이 계속 되게 하소서!

"예수의 뒤로 그 발 곁에 서서 울며 눈물로 그 발을 적시고 자기 머리털로 닦고 그 발에 입 맞추고 향유를 부으니"(눅7:38)

죄 지은 여자인 그는 예수님 곁에 서는 것만으로 벅찬 감격에 휩싸였다. 예수님의 앞으로 다가가지 못하고, 뒤로 다가가서 예수님의 발 곁에 거의 땅에 닿도록 엎드려 눈물을 흘려 발을 적시고, 그 여인이 아끼는 머리로 예수님을 발을 닦아 내렸다. 그리고 흙먼지가 뒤범벅이 되고, 냄새 나는 발에 입 맞추었다. 거기서 그치지 않고, 그의 전 재산이었을 어마 어마한 향유를 예수님의 발에 부었다. 그는 예수님이 누군지 알았다. 알아도 깊이 알았다. 얼마나 귀한 분인지, 얼마나 대단한 분인지 알았다. 그는 자신의 인생보다도 더 귀중한 그분을 알았다. 그러니 그가 쏟을 수 있는 것들 모두 다 쏟아 부었다. 가슴속 깊은 곳에서 솟구치는 사랑의 열정도 쏟고, 마지막까지 지키고 싶었던 자존심까지도 머리 결을 타고 흘러 내렸다. 맛을 즐기며 먹고, 마시는 인간의 기본적인 욕구까지도 입맞춤으로 부어버렸다. 그의 미래, 그의 미래를 보장해주고, 지켜줄 마지막 희망까지 부어버렸다. 아마도 그의 감격이 그렇게 했을 것이다. 그것은 그의 삶이고, 가치이고, 신앙의 모습이었다. 그렇기 때문에 예수님은 복음이 전파되는 곳에서는 그가 한 일도 말하여 기억하라고 말씀하셨다. 나도 이 시간 이 질문을 받는다. 다 줄 수 있는가? 다 버릴 수 있는가? 주님이 나에게 물으시고, 내가 나에게 묻고 싶다. 베드로처럼 "주님이 아십니다." 라고 고백하고 싶다. 이 시간이 지나면 주님이 "너는 왜 그렇게 못하니?" 라고 추궁하실지라도 지금 이 시간에 나는 고백하고 싶다. 주님이 아십니다. 주님의 이름으로 다가오는 사람이 아니라 종처럼 다가오는 사람, 강하고, 번듯하게 다가오는 사람이 아니라 약하고 추하게 다가오는 사람,

잘 정리되고, 있어 보이는 사람이 아니라 지저분하고 천하게 다가오는 이에게 나의 가장 소중한 것을 주고 싶다.

부록

I. 신앙 간증문 쓰기

1. 내가 예수님을 믿게 된 동기

2. 내가 예수님을 영접하게 된 과정

3. 내가 예수님을 영접하기 전, 나의 삶

4. 내가 예수님을 영접한 후, 나의 삶에서 일어난 변화

5. 지금 예수 그리스도는 나의 삶에서 어떤분인가?

Ⅱ. 자기 점검표

check요령 : 실천사항을 모두 했을 때 ○, 부분적으로 했을 때 △, 전혀 실천하지 않았을 때 ×

날짜	교재제목	성경찾아보기	구절암송	성경읽기	비고

Ⅲ. 암송구절

제1과 〈암송구절〉 "네가 만일 네 입으로 예수를 주로 시인하며 또 하나님께서 그를 죽은 자 가운데서 살리신 것을 네 마음에 믿으면 구원을 받으리라."(롬 10:9)

제2과 〈암송구절〉 "만일 우리가 우리 죄를 자백하면 그는 미쁘시고 의로우사 우리 죄를 사하시며 우리를 모든 불의에서 깨끗하게 하실 것이요."(요일 1:9)

제3과 〈암송구절〉 "내가 확신하노니 사망이나 생명이나 천사들이나 권세자들이나 현재 일이나 장래 일이나 능력이나 높음이나 깊음이나 다른 어떤 피조물이라도 우리를 우리 주 그리스도 예수 안에 있는 하나님의 사랑에서 끊을 수 없으리라."(롬 8:38-39)

제4과 〈암송구절〉 "나는 포도나무요 너희는 가지라 그가 내 안에, 내가 그 안에 거하면 사람이 열매를 많이 맺나니 나를 떠나서는 너희가 아무 것도 할 수 없음이라."(요 15:5)

제5과 〈암송구절〉 "여호와여 위대하심과 권능과 영광과 승리와 위엄이 다 주께 속하였사오니 천지에 있는 것이 다 주의 것이로소이다 여호와여 주권도 주께 속하였사오니 주는 높으사 만물의 머리이심이니이다."(대상 29:11)

90

제6과 〈암송구절〉 "그러나 진리의 성령이 오시면 그가 너희를 모든 진리 가운데로 인도하시리니 그가 스스로 말하지 않고 오직 들은 것을 말하며 장래 일을 너희에게 알리시리라."(요 16:13)

제7과 〈암송구절〉 "아버지께서 나를 사랑하신 것같이 나도 너희를 사랑하였으니 나의 사랑 안에 거하라."(요 15:9)

제8과 〈암송구절〉 "그러므로 무엇이든지 남에게 대접을 받고자 하는 대로 너희도 남을 대접하라 이것이 율법이요 선지자니라."(마 7:12)

제9과 〈암송구절〉 "갓난아기들 같이 순전하고 신령한 젖을 사모하라 이는 그로 말미암아 너희로 구원에 이르도록 자라게 하려 함이라."(벧전 2:2)

제10과 〈암송구절〉 "모든 성경은 하나님의 감동으로 된 것으로 교훈과 책망과 바르게 함과 의로 교육하기에 유익하니"(딤후 3:16)

Ⅳ. 성경읽기표

요일	월	화	수	목	금	토	주일
제1주	롬1-2장	롬3-4장	롬7-8장	롬9-10장	롬11-12장	롬13-14장	롬15-16장
제2주	요18-19장	요20-21장	벧전1-2장	벧전3-4장	벧전5장	막1-2장	막3-4장
제3주	막5-6장	막7-8장	막9-10장	막11-12장	막13-14장	막15-16장	시1-3편
제4주	시4-6편	시7-9편	시10-12편	시13-15편	시16-18편	시19-21편	시22-24편
제5주	창13-14장	창15-16장	창17-18장	창19-20장	창21-22장	창23-24장	창25-26장
제6주	행1-2장	행3-4장	행5-6장	행7-8장	행9-10장	행11-12장	행13-14장
제7주	고전1-2장	고전3-4장	고전5-6장	고전7-8장	고전9-10장	고전11-12장	고전13-14장
제8주	고전15-16장	눅1-2장	눅3-4장	눅5-6장	눅7-8장	눅9-10장	눅11-12장
제9주	고후1-2장	고후3-4장	고후5-6장	고후7-8장	고후9-10장	고후11-12장	고후13장
제10주	시119편	딤후1-2장	딤후3-4장	히3-4장	5-6장	히7-8장	히9-11장

"예수께서 나아와 말씀하여 이르시되 하늘과 땅의 모든 권세를 내게 주셨으니 그러므로 너희는 가서 모든 민족을 제자로 삼아 아버지와 아들과 성령의 이름으로 세례를 베풀고 내가 너희에게 분부한 모든 것을 가르쳐 지키게 하라 볼지어다 내가 세상 끝날까지 너희와 항상 함께 있으리라 하시니라."(마태복음 28장 18-20절)

이금환

충남대에서 행정학을 전공하고(행정학 석사) 침례신학대학교 신학대학원(M. Div)을 졸업하였으며 대전에서 큰사랑교회를 개척하여 담임목회를 하고 있다.

대학시절 선교단체에서 훈련을 받았으며, CCC간사, DFC간사로 10여 년간 학원선교를 하면서 많은 제자들을 양육하였다. 사람들과 만나는 것을 즐거워하고, 사람들과 삶을 나누며 행복을 느끼는 전도와 제자양육의 비전으로 가득 찬 사람이다. 그는 이 비전을 위해 깊이 헌신해야 됨을 알고 있다.

저서로는 「K목사의 눈에는……」(엘맨 1995)이 있다.

그리스도인, 그 신나는 출발

초판 1쇄 발행 | 2011년 6월 4일

지 은 이 | 이금환
펴 낸 이 | 채주희
펴 낸 곳 | 엘맨

등   록 | 제10-1562호(1985.10.29)
주   소 | 서울특별시 마포구 신수동 448-6
전   화 | 02-323-4060, 322-4477
팩   스 | 02-323-6416
메   일 | elman1985@hanmail.net

마 케 팅 | 김연범(010-3767-5616)
마케팅지원 | 정수복